신묘장구대다라니

우리출판사

신묘장구대다라니

사경의 목적

사경은 경전의 뜻을 보다 깊이 이해하려는 목적도 있지만, 부처님의 말씀을 옮겨 쓰는 경건한 수행을 통해 자기의 신심信心과 원력을 부처님의 말씀과 일체화시켜서 신앙의 힘을 키워나가는데 더 큰 목적이 있다.

조용히 호흡을 가다듬고 부처님의 말씀을 마음으로 되새기며, 정신을 집중하여 사경에 임하다 보면 자신도 모르는 사이에 사경삼매에 들게 된다. 또한 심신心身이 청정해져 부처님의 마음과 통하게 되니, 부처님의 지혜의 빛과 자비광명이 우리의 마음속 깊이 스며들어 온다.

그러면 몸과 마음이 안락과 행복을 느끼면서 내 주변의 모든 존재에 대한 자비심이 일어나니, 사경의 공덕은 이렇듯 그 자리에서 이익을 가져온다.

사경하는 마음

경전에 표기된 글자는 단순한 문자가 아니라 부처님께서 깨달은 진리라는 상징성을 갖고 있다. 경전의 글자 하나하나가 중생구제를 서원하신 부처님의 마음이며, 중생을 진리의 길로 인도하는 지침인 것이다.

예로부터 사경을 하며 1자3배의 정성을 기울인 것도 경전의 한 글자 한 글자에 부처님이 함께하신다고 생각했기 때문이다. 사경이 수행인 동시에 기도의 일환으로 불자들에게 널리 행해지는 까닭이 여기에 있다.

사경은 부처님의 가르침과 함께하는 시간이며 부처님과 함께하는 시간이다. 부처님의 말씀을 가슴으로 받아들이고 마음으로 찬탄하며 진실로 기쁘게 환희로워야 하는 시간인 것이다.

따라서 사경은 가장 청정한 마음으로 임해야 한다.

사경의 공덕

❀ 마음이 안정되고 평화로워져 미소가 떠나질 않는다.

❀ 부처님을 믿는 마음이 더욱 굳건해진다.

❀ 번뇌 망상, 어리석은 마음이 사라지고 지혜가 증장한다.

❀ 생업이 더욱 번창한다.

❀ 좋은 인연을 만나고 착한 선과가 날로 더해진다.

❀ 업장이 소멸되며 소원한 바가 반드시 이루어진다.

❀ 불보살님과 천지신명이 보호해 주신다.

❀ 각종 질환이나 재난, 구설수 등 현실의 고苦를 소멸시킨다.

❀ 선망조상이 왕생극락하고 원결 맺은 다겁생의 영가들이 이고득락離苦得樂한다.

❀ 가정이 화목하고 자손들의 앞길이 밝게 열린다.

사경하는 절차

1. 몸을 깨끗이 하고 옷차림을 단정히 한다.
2. 사경할 준비를 갖춘다.(사경상, 좌복, 필기도구 등)
3. 삼배 후, 의식문이 있으면 의식문을 염송한다.
4. 좌복 위에 단정히 앉아 마음을 고요히 한다.
   (잠시 입정하면 더욱 좋다.)
5. 붓이나 펜으로 한 자 한 자 정성스럽게 사경을 시작한다.
6. 사경이 끝나면 사경 발원문을 염송한다.
7. 삼배로 의식을 마친다.

◆ 기도를 더 하고 싶을 때에는 사경이 끝난 뒤, 경전 독송이나 108배 참회기도, 또는 그날 사경한 내용을 참구하는 명상 시간을 갖는 것도 좋다.

◆ 사경에 사용하는 붓이나 펜은 사경 이외의 다른 용도에 사용하지 않도록 한다.

◆ 완성된 사경은 집안에서 가장 정갈한 곳(혹은 높은 곳)에 보관하거나, 경건하게 소각시킨다.

발 원 문

년 월 일

신묘장구대다라니

나모 라다나 다라야야 나막알약 바로기제 새
바라야 모지사다바야 마하사다바야 마하가
로 니가야 옴 살바 바예수 다라나 가라야 다
사명 나막 까리다바 이맘알야 바로기제 새바
라 다바 니라간타 나막하리나야 마발다 이사
미 살발타 사다남 수반아예염 살바보다남 바
바마라 미수다감 다냐타 옴 아로계 아로가
마지로가 지가란제 혜혜하례 마하모지 사다
바 사마라 사마라 하리나야 구로구로 갈마
사다야 사다야 도로도로 미연제 마하미연제
다라다라 다린 나례 새바라 자라자라 마라미

마라 아마라 몰제예혜혜 로계새바라 라아 미

사미 나사야 나베사미사미 나사야 모하자라

미사미 나사야 호로호로 마라호로 하례 바나

마나바 사라사라 시리시리 소로소로 못쟈못

쟈 모다야 모다야 매다리야 니라간타 가마사

날사남 바라하라나야 마낙 사바하 싯다야 사

바하 마하싯다야 사바하 싯다유예 새바라야

사바하 니라간타야 사바하 바라하 목카싱하

목카야 사바하 바나마 하따야 사바하 자가라

욕다야 사바하 상카섭나네 모다나야 사바하

마하라 구타다라야 사바하 바마사간타 이사

시체다 가릿나 이나야 사바하 먀가라 잘마니

바 사나야 사바하

『나모라 다나다라 야야 나막알야 바로기제

새바라야 사바하』

불기 25 년 월 일 불자 사경

신묘장구대다라니

나모 라다나 다라야야 나막알약 바로기제 새
바라야 모지사다바야 마하사다바야 마하가
로 니가야 옴 살바 바예수 다라나 가라야 다
사명 나막 까리다바 이맘알야 바로기제 새바
라 다바 니라간타 나막하리나야 마발다 이사
미 살발타 사다남 수반아예염 살바보다남 바
바마라 미수다감 다냐타 옴 아로계 아로가
마지로가 지가란제 혜혜하례 마하모지 사다
바 사마라 사마라 하리나야 구로구로 갈마
사다야 사다야 도로도로 미연제 마하미연제
다라다라 다린 나례 새바라 자라자라 마라미

마라 아마라 몰제예혜혜 로계새바라 라아 미
사미 나사야 나베사미사미 나사야 모하자라
미사미 나사야 호로호로 마라호로 하례 바나
마나바 사라사라 시리시리 소로소로 못쟈못
쟈 모다야 모다야 매다리야 니라간타 가마사
날사남 바라하라나야 마낙 사바하 싯다야 사
바하 마하싯다야 사바하 싯다유예 새바라야
사바하 니라간타야 사바하 바라하 목카싱하
목카야 사바하 바나마 하따야 사바하 자가라
욕다야 사바하 상카섭나네 모다나야 사바하
마하라 구타다라야 사바하 바마사간타 이사
시체다 가릿나 이나야 사바하 먀가라 잘마니
바 사나야 사바하
『나모라 다나다라 야야 나막알야 바로기제
새바라야 사바하』

불기 25 년 월 일 불자 사경

신묘장구대다라니

나모 라다나 다라야야 나막알약 바로기제 새
바라야 모지사다바야 마하사다바야 마하가
로 니가야 옴 살바 바예수 다라나 가라야 다
사명 나막 까리다바 이맘알야 바로기제 새바
라 다바 니라간타 나막하리나야 마발다 이사
미 살발타 사다남 수반아예염 살바보다남 바
바마라 미수다감 다냐타 옴 아로계 아로가
마지로가 지가란제 혜혜하례 마하모지 사다
바 사마라 사마라 하리나야 구로구로 갈마
사다야 사다야 도로도로 미연제 마하미연제
다라다라 다린 나례 새바라 자라자라 마라미

마라 아마라 몰제예혜혜 로계새바라 라아 미
사미 나사야 나베사미사미 나사야 모하자라
미사미 나사야 호로호로 마라호로 하례 바나
마나바 사라사라 시리시리 소로소로 못쟈못
쟈 모다야 모다야 매다리야 니라간타 가마사
날사남 바라하라나야 마낙 사바하 싯다야 사
바하 마하싯다야 사바하 싯다유예 새바라야
사바하 니라간타야 사바하 바라하 목카싱하
목카야 사바하 바나마 하따야 사바하 자가라
욕다야 사바하 상카섭나네 모다나야 사바하
마하라 구타다라야 사바하 바마사간타 이사
시체다 가릿나 이나야 사바하 먀가라 잘마니
바 사나야 사바하
『나모라 다나다라 야야 나막알야 바로기제
새바라야 사바하』

불기 25 년 월 일 불자 사경

신묘장구대다라니

나모 라다나 다라야야 나막알약 바로기제 새
바라야 모지사다바야 마하사다바야 마하가
로 니가야 옴 살바 바예수 다라나 가라야 다
사명 나막 까리다바 이맘알야 바로기제 새바
라 다바 니라간타 나막하리나야 마발다 이사
미 살발타 사다남 수반아예염 살바보다남 바
바마라 미수다감 다냐타 옴 아로계 아로가
마지로가 지가란제 혜혜하례 마하모지 사다
바 사마라 사마라 하리나야 구로구로 갈마
사다야 사다야 도로도로 미연제 마하미연제
다라다라 다린 나례 새바라 자라자라 마라미

마라 아마라 몰제예혜혜 로계새바라 라아 미

사미 나사야 나베사미사미 나사야 모하자라

미사미 나사야 호로호로 마라호로 하례 바나

마나바 사라사라 시리시리 소로소로 못쟈못

쟈 모다야 모다야 매다리야 니라간타 가마사

날사남 바라하라나야 마낙 사바하 싯다야 사

바하 마하싯다야 사바하 싯다유예 새바라야

사바하 니라간타야 사바하 바라하 목카싱하

목카야 사바하 바나마 하따야 사바하 자가라

욕다야 사바하 상카섭나네 모다나야 사바하

마하라 구타다라야 사바하 바마사간타 이사

시체다 가릿나 이나야 사바하 먀가라 잘마니

바 사나야 사바하

『나모라 다나다라 야야 나막알야 바로기제

새바라야 사바하』

불기 25 년 월 일 불자 사경

신묘장구대다라니

나모 라다나 다라야야 나막알약 바로기제 새
바라야 모지사다바야 마하사다바야 마하가
로 니가야 옴 살바 바예수 다라나 가라야 다
사명 나막 까리다바 이맘알야 바로기제 새바
라 다바 니라간타 나막하리나야 마발다 이사
미 살발타 사다남 수반아예염 살바보다남 바
바마라 미수다감 다냐타 옴 아로계 아로가
마지로가 지가란제 혜혜하례 마하모지 사다
바 사마라 사마라 하리나야 구로구로 갈마
사다야 사다야 도로도로 미연제 마하미연제
다라다라 다린 나례 새바라 자라자라 마라미

마라 아마라 몰제예혜혜 로계새바라 라아 미
사미 나사야 나베사미사미 나사야 모하자라
미사미 나사야 호로호로 마라호로 하례 바나
마나바 사라사라 시리시리 소로소로 못쟈못
쟈 모다야 모다야 매다리야 니라간타 가마사
날사남 바라하라나야 마낙 사바하 싯다야 사
바하 마하싯다야 사바하 싯다유예 새바라야
사바하 니라간타야 사바하 바라하 목카싱하
목카야 사바하 바나마 하따야 사바하 자가라
욕다야 사바하 상카섭나네 모다나야 사바하
마하라 구타다라야 사바하 바마사간타 이사
시체다 가릿나 이나야 사바하 마가라 잘마니
바 사나야 사바하

『나모라 다나다라 야야 나막알야 바로기제
새바라야 사바하』

불기 25 년 월 일 불자 사경

신묘장구대다라니

나모 라다나 다라야야 나막알약 바로기제 새
바라야 모지사다바야 마하사다바야 마하가
로 니가야 옴 살바 바예수 다라나 가라야 다
사명 나막 까리다바 이맘알야 바로기제 새바
라 다바 니라간타 나막하리나야 마발다 이사
미 살발타 사다남 수반아예염 살바보다남 바
바마라 미수다감 다냐타 옴 아로계 아로가
마지로가 지가란제 혜혜하례 마하모지 사다
바 사마라 사마라 하리나야 구로구로 갈마
사다야 사다야 도로도로 미연제 마하미연제
다라다라 다린 나례 새바라 자라자라 마라미

마라 아마라 몰제예혜혜 로계새바라 라아 미

사미 나사야 나베사미사미 나사야 모하자라

미사미 나사야 호로호로 마라호로 하례 바나

마나바 사라사라 시리시리 소로소로 못쟈못

쟈 모다야 모다야 매다리야 니라간타 가마사

날사남 바라하라나야 마낙 사바하 싯다야 사

바하 마하싯다야 사바하 싯다유예 새바라야

사바하 니라간타야 사바하 바라하 목카싱하

목카야 사바하 바나마 하따야 사바하 자가라

욕다야 사바하 상카섭나네 모다나야 사바하

마하라 구타다라야 사바하 바마사간타 이사

시체다 가릿나 이나야 사바하 마가라 잘마니

바 사나야 사바하

『나모라 다나다라 야야 나막알야 바로기제

새바라야 사바하』

불기 25 년 월 일 불자 사경

신묘장구대다라니

나모 라다나 다라야야 나막알약 바로기제 새
바라야 모지사다바야 마하사다바야 마하가
로 니가야 옴 살바 바예수 다라나 가라야 다
사명 나막 까리다바 이맘알야 바로기제 새바
라 다바 니라간타 나막하리나야 마발다 이사
미 살발타 사다남 수반아예염 살바보다남 바
바마라 미수다감 다냐타 옴 아로계 아로가
마지로가 지가란제 혜혜하례 마하모지 사다
바 사마라 사마라 하리나야 구로구로 갈마
사다야 사다야 도로도로 미연제 마하미연제
다라다라 다린 나례 새바라 자라자라 마라미

마라 아마라 몰제예혜혜 로계새바라 라아 미
사미 나사야 나베사미사미 나사야 모하자라
미사미 나사야 호로호로 마라호로 하례 바나
마나바 사라사라 시리시리 소로소로 못쟈못
쟈 모다야 모다야 매다리야 니라간타 가마사
날사남 바라하라나야 마낙 사바하 싯다야 사
바하 마하싯다야 사바하 싯다유예 새바라야
사바하 니라간타야 사바하 바라하 목카싱하
목카야 사바하 바나마 하따야 사바하 자가라
욕다야 사바하 상카섭나네 모다나야 사바하
마하라 구타다라야 사바하 바마사간타 이사
시체다 가릿나 이나야 사바하 마가라 잘마니
바 사나야 사바하
『나모라 다나다라 야야 나막알야 바로기제
새바라야 사바하』

불기 25 년 월 일 불자 사경

신묘장구대다라니

나모 라다나 다라야야 나막알약 바로기제 새
바라야 모지사다바야 마하사다바야 마하가
로 니가야 옴 살바 바예수 다라나 가라야 다
사명 나막 까리다바 이맘알야 바로기제 새바
라 다바 니라간타 나막하리나야 마발다 이사
미 살발타 사다남 수반아예염 살바보다남 바
바마라 미수다감 다냐타 옴 아로계 아로가
마지로가 지가란제 혜혜하례 마하모지 사다
바 사마라 사마라 하리나야 구로구로 갈마
사다야 사다야 도로도로 미연제 마하미연제
다라다라 다린 나례 새바라 자라자라 마라미

마라 아마라 몰제예혜혜 로계새바라 라아 미
사미 나사야 나베사미사미 나사야 모하자라
미사미 나사야 호로호로 마라호로 하례 바나
마나바 사라사라 시리시리 소로소로 못쟈못
쟈 모다야 모다야 매다리야 니라간타 가마사
날사남 바라하라나야 마낙 사바하 싯다야 사
바하 마하싯다야 사바하 싯다유예 새바라야
사바하 니라간타야 사바하 바라하 목카싱하
목카야 사바하 바나마 하따야 사바하 자가라
욕다야 사바하 상카섭나네 모다나야 사바하
마하라 구타다라야 사바하 바마사간타 이사
시체다 가릿나 이나야 사바하 먀가라 잘마니
바 사나야 사바하
『나모라 다나다라 야야 나막알야 바로기제
새바라야 사바하』

불기 25 년 월 일 불자 사경

신묘장구대다라니

나모 라다나 다라야야 나막알약 바로기제 새
바라야 모지사다바야 마하사다바야 마하가
로 니가야 옴 살바 바예수 다라나 가라야 다
사명 나막 까리다바 이맘알야 바로기제 새바
라 다바 니라간타 나막하리나야 마발다 이사
미 살발타 사다남 수반아예염 살바보다남 바
바마라 미수다감 다냐타 옴 아로계 아로가
마지로가 지가란제 혜혜하례 마하모지 사다
바 사마라 사마라 하리나야 구로구로 갈마
사다야 사다야 도로도로 미연제 마하미연제
다라다라 다린 나례 새바라 자라자라 마라미

마라 아마라 몰제예혜혜 로계새바라 라아 미

사미 나사야 나베사미사미 나사야 모하자라

미사미 나사야 호로호로 마라호로 하례 바나

마나바 사라사라 시리시리 소로소로 못쟈못

쟈 모다야 모다야 매다리야 니라간타 가마사

날사남 바라하라나야 마낙 사바하 싯다야 사

바하 마하싯다야 사바하 싯다유예 새바라야

사바하 니라간타야 사바하 바라하 목카싱하

목카야 사바하 바나마 하따야 사바하 자가라

욕다야 사바하 상카섭나네 모다나야 사바하

마하라 구타다라야 사바하 바마사간타 이사

시체다 가릿나 이나야 사바하 먀가라 잘마니

바 사나야 사바하

『나모라 다나다라 야야 나막알야 바로기제

새바라야 사바하』

불기 25 년 월 일 불자 사경

신묘장구대다라니

나모 라다나 다라야야 나막알약 바로기제 새
바라야 모지사다바야 마하사다바야 마하가
로 니가야 옴 살바 바예수 다라나 가라야 다
사명 나막 까리다바 이맘알야 바로기제 새바
라 다바 니라간타 나막하리나야 마발다 이사
미 살발타 사다남 수반아예염 살바보다남 바
바마라 미수다감 다냐타 옴 아로계 아로가
마지로가 지가란제 혜혜하례 마하모지 사다
바 사마라 사마라 하리나야 구로구로 갈마
사다야 사다야 도로도로 미연제 마하미연제
다라다라 다린 나례 새바라 자라자라 마라미

마라 아마라 몰제예혜혜 로계새바라 라아 미
사미 나사야 나베사미사미 나사야 모하자라
미사미 나사야 호로호로 마라호로 하례 바나
마나바 사라사라 시리시리 소로소로 못쟈못
쟈 모다야 모다야 매다리야 니라간타 가마사
날사남 바라하라나야 마낙 사바하 싯다야 사
바하 마하싯다야 사바하 싯다유예 새바라야
사바하 니라간타야 사바하 바라하 목카싱하
목카야 사바하 바나마 하따야 사바하 자가라
욕다야 사바하 상카섭나네 모다나야 사바하
마하라 구타다라야 사바하 바마사간타 이사
시체다 가릿나 이나야 사바하 먀가라 잘마니
바 사나야 사바하

『나모라 다나다라 야야 나막알야 바로기제
새바라야 사바하』

불기 25 년 월 일 불자 사경

신묘장구대다라니

나모 라다나 다라야야 나막알약 바로기제 새
바라야 모지사다바야 마하사다바야 마하가
로 니가야 옴 살바 바예수 다라나 가라야 다
사명 나막 까리다바 이맘알야 바로기제 새바
라 다바 니라간타 나막하리나야 마발다 이사
미 살발타 사다남 수반아예염 살바보다남 바
바마라 미수다감 다냐타 옴 아로계 아로가
마지로가 지가란제 혜혜하례 마하모지 사다
바 사마라 사마라 하리나야 구로구로 갈마
사다야 사다야 도로도로 미연제 마하미연제
다라다라 다린 나례 새바라 자라자라 마라미

마라 아마라 몰제예혜혜 로계새바라 라아 미

사미 나사야 나베사미사미 나사야 모하자라

미사미 나사야 호로호로 마라호로 하례 바나

마나바 사라사라 시리시리 소로소로 못쟈못

쟈 모다야 모다야 매다리야 니라간타 가마사

날사남 바라하라나야 마낙 사바하 싯다야 사

바하 마하싯다야 사바하 싯다유예 새바라야

사바하 니라간타야 사바하 바라하 목카싱하

목카야 사바하 바나마 하따야 사바하 자가라

욕다야 사바하 상카섭나네 모다나야 사바하

마하라 구타다라야 사바하 바마사간타 이사

시체다 가릿나 이나야 사바하 먀가라 잘마니

바 사나야 사바하

『나모라 다나다라 야야 나막알야 바로기제

새바라야 사바하』

불기 25 년 월 일 불자 사경

신묘장구대다라니

나모 라다나 다라야야 나막알약 바로기제 새
바라야 모지사다바야 마하사다바야 마하가
로 니가야 옴 살바 바예수 다라나 가라야 다
사명 나막 까리다바 이맘알야 바로기제 새바
라 다바 니라간타 나막하리나야 마발다 이사
미 살발타 사다남 수반아예염 살바보다남 바
바마라 미수다감 다냐타 옴 아로계 아로가
마지로가 지가란제 혜혜하례 마하모지 사다
바 사마라 사마라 하리나야 구로구로 갈마
사다야 사다야 도로도로 미연제 마하미연제
다라다라 다린 나례 새바라 자라자라 마라미

마라 아마라 몰제예혜혜 로계새바라 라아 미
사미 나사야 나베사미사미 나사야 모하자라
미사미 나사야 호로호로 마라호로 하례 바나
마나바 사라사라 시리시리 소로소로 못쟈못
쟈 모다야 모다야 매다리야 니라간타 가마사
날사남 바라하라나야 마낙 사바하 싯다야 사
바하 마하싯다야 사바하 싯다유예 새바라야
사바하 니라간타야 사바하 바라하 목카싱하
목카야 사바하 바나마 하따야 사바하 자가라
욕다야 사바하 상카섭나네 모다나야 사바하
마하라 구타다라야 사바하 바마사간타 이사
시체다 가릿나 이나야 사바하 마가라 잘마니
바 사나야 사바하
『나모라 다나다라 야야 나막알야 바로기제
새바라야 사바하』

불기 25 년 월 일 불자 사경

신묘장구대다라니

나모 라다나 다라야야 나막알약 바로기제 새
바라야 모지사다바야 마하사다바야 마하가
로 니가야 옴 살바 바예수 다라나 가라야 다
사명 나막 까리다바 이맘알야 바로기제 새바
라 다바 니라간타 나막하리나야 마발다 이사
미 살발타 사다남 수반아예염 살바보다남 바
바마라 미수다감 다냐타 옴 아로계 아로가
마지로가 지가란제 혜혜하례 마하모지 사다
바 사마라 사마라 하리나야 구로구로 갈마
사다야 사다야 도로도로 미연제 마하미연제
다라다라 다린 나례 새바라 자라자라 마라미

마라 아마라 몰제예혜혜 로계새바라 라아 미

사미 나사야 나베사미사미 나사야 모하자라

미사미 나사야 호로호로 마라호로 하례 바나

마나바 사라사라 시리시리 소로소로 못쟈못

쟈 모다야 모다야 매다리야 니라간타 가마사

날사남 바라하라나야 마낙 사바하 싯다야 사

바하 마하싯다야 사바하 싯다유예 새바라야

사바하 니라간타야 사바하 바라하 목카싱하

목카야 사바하 바나마 하따야 사바하 자가라

욕다야 사바하 상카섭나네 모다나야 사바하

마하라 구타다라야 사바하 바마사간타 이사

시체다 가릿나 이나야 사바하 먀가라 잘마니

바 사나야 사바하

『나모라 다나다라 야야 나막알야 바로기제

새바라야 사바하』

불기 25　년　월　일　불자　　　사경

신묘장구대다라니

나모 라다나 다라야야 나막알약 바로기제 새
바라야 모지사다바야 마하사다바야 마하가
로 니가야 옴 살바 바예수 다라나 가라야 다
사명 나막 까리다바 이맘알야 바로기제 새바
라 다바 니라간타 나막하리나야 마발다 이사
미 살발타 사다남 수반아예염 살바보다남 바
바마라 미수다감 다냐타 옴 아로계 아로가
마지로가 지가란제 혜혜하례 마하모지 사다
바 사마라 사마라 하리나야 구로구로 갈마
사다야 사다야 도로도로 미연제 마하미연제
다라다라 다린 나례 새바라 자라자라 마라미

마라 아마라 몰제예혜혜 로계새바라 라아 미

사미 나사야 나베사미사미 나사야 모하자라

미사미 나사야 호로호로 마라호로 하례 바나

마나바 사라사라 시리시리 소로소로 못쟈못

쟈 모다야 모다야 매다리야 니라간타 가마사

날사남 바라하라나야 마낙 사바하 싯다야 사

바하 마하싯다야 사바하 싯다유예 새바라야

사바하 니라간타야 사바하 바라하 목카싱하

목카야 사바하 바나마 하따야 사바하 자가라

욕다야 사바하 상카섭나네 모다나야 사바하

마하라 구타다라야 사바하 바마사간타 이사

시체다 가릿나 이나야 사바하 먀가라 잘마니

바 사나야 사바하

『나모라 다나다라 야야 나막알야 바로기제

새바라야 사바하』

불기 25 년 월 일 불자 사경

신묘장구대다라니

나모 라다나 다라야야 나막알약 바로기제 새
바라야 모지사다바야 마하사다바야 마하가
로 니가야 옴 살바 바예수 다라나 가라야 다
사명 나막 까리다바 이맘알야 바로기제 새바
라 다바 니라간타 나막하리나야 마발다 이사
미 살발타 사다남 수반아예염 살바보다남 바
바마라 미수다감 다냐타 옴 아로계 아로가
마지로가 지가란제 혜혜하례 마하모지 사다
바 사마라 사마라 하리나야 구로구로 갈마
사다야 사다야 도로도로 미연제 마하미연제
다라다라 다린 나례 새바라 자라자라 마라미

마라 아마라 몰제예혜혜 로계새바라 라아 미
사미 나사야 나베사미사미 나사야 모하자라
미사미 나사야 호로호로 마라호로 하례 바나
마나바 사라사라 시리시리 소로소로 못쟈못
쟈 모다야 모다야 매다리야 니라간타 가마사
날사남 바라하라나야 마낙 사바하 싯다야 사
바하 마하싯다야 사바하 싯다유예 새바라야
사바하 니라간타야 사바하 바라하 목카싱하
목카야 사바하 바나마 하따야 사바하 자가라
욕다야 사바하 상카섭나네 모다나야 사바하
마하라 구타다라야 사바하 바마사간타 이사
시체다 가릿나 이나야 사바하 먀가라 잘마니
바 사나야 사바하
『나모라 다나다라 야야 나막알야 바로기제
새바라야 사바하』

불기 25 년 월 일 불자 사경

신묘장구대다라니

나모 라다나 다라야야 나막알약 바로기제 새
바라야 모지사다바야 마하사다바야 마하가
로 니가야 옴 살바 바예수 다라나 가라야 다
사명 나막 까리다바 이맘알야 바로기제 새바
라 다바 니라간타 나막하리나야 마발다 이사
미 살발타 사다남 수반아예염 살바보다남 바
바마라 미수다감 다냐타 옴 아로계 아로가
마지로가 지가란제 혜혜하례 마하모지 사다
바 사마라 사마라 하리나야 구로구로 갈마
사다야 사다야 도로도로 미연제 마하미연제
다라다라 다린 나례 새바라 자라자라 마라미

마라 아마라 몰제예혜혜 로계새바라 라아 미

사미 나사야 나베사미사미 나사야 모하자라

미사미 나사야 호로호로 마라호로 하례 바나

마나바 사라사라 시리시리 소로소로 못쟈못

쟈 모다야 모다야 매다리야 니라간타 가마사

날사남 바라하라나야 마낙 사바하 싯다야 사

바하 마하싯다야 사바하 싯다유예 새바라야

사바하 니라간타야 사바하 바라하 목카싱하

목카야 사바하 바나마 하따야 사바하 자가라

욕다야 사바하 상카섭나네 모다나야 사바하

마하라 구타다라야 사바하 바마사간타 이사

시체다 가릿나 이나야 사바하 마가라 잘마니

바 사나야 사바하

『나모라 다나다라 야야 나막알야 바로기제

새바라야 사바하』

불기 25 년 월 일 불자 사경

신묘장구대다라니

나모 라다나 다라야야 나막알약 바로기제 새
바라야 모지사다바야 마하사다바야 마하가
로 니가야 옴 살바 바예수 다라나 가라야 다
사명 나막 까리다바 이맘알야 바로기제 새바
라 다바 니라간타 나막하리나야 마발다 이사
미 살발타 사다남 수반아예염 살바보다남 바
바마라 미수다감 다냐타 옴 아로계 아로가
마지로가 지가란제 혜혜하례 마하모지 사다
바 사마라 사마라 하리나야 구로구로 갈마
사다야 사다야 도로도로 미연제 마하미연제
다라다라 다린 나례 새바라 자라자라 마라미

마라 아마라 몰제예혜혜 로계새바라 라아 미
사미 나사야 나베사미사미 나사야 모하자라
미사미 나사야 호로호로 마라호로 하례 바나
마나바 사라사라 시리시리 소로소로 못쟈못
쟈 모다야 모다야 매다리야 니라간타 가마사
날사남 바라하라나야 마낙 사바하 싯다야 사
바하 마하싯다야 사바하 싯다유예 새바라야
사바하 니라간타야 사바하 바라하 목카싱하
목카야 사바하 바나마 하따야 사바하 자가라
욕다야 사바하 상카섭나네 모다나야 사바하
마하라 구타다라야 사바하 바마사간타 이사
시체다 가릿나 이나야 사바하 먀가라 잘마니
바 사나야 사바하
『나모라 다나다라 야야 나막알야 바로기제
새바라야 사바하』

불기 25 년 월 일 불자 사경

신묘장구대다라니

나모 라다나 다라야야 나막알약 바로기제 새
바라야 모지사다바야 마하사다바야 마하가
로 니가야 옴 살바 바예수 다라나 가라야 다
사명 나막 까리다바 이맘알야 바로기제 새바
라 다바 니라간타 나막하리나야 마발다 이사
미 살발타 사다남 수반아예염 살바보다남 바
바마라 미수다감 다냐타 옴 아로계 아로가
마지로가 지가란제 혜혜하례 마하모지 사다
바 사마라 사마라 하리나야 구로구로 갈마
사다야 사다야 도로도로 미연제 마하미연제
다라다라 다린 나례 새바라 자라자라 마라미

마라 아마라 몰제예혜혜 로계새바라 라아 미

사미 나사야 나베사미사미 나사야 모하자라

미사미 나사야 호로호로 마라호로 하례 바나

마나바 사라사라 시리시리 소로소로 못쟈못

쟈 모다야 모다야 매다리야 니라간타 가마사

날사남 바라하라나야 마낙 사바하 싯다야 사

바하 마하싯다야 사바하 싯다유예 새바라야

사바하 니라간타야 사바하 바라하 목카싱하

목카야 사바하 바나마 하따야 사바하 자가라

욕다야 사바하 상카섭나네 모다나야 사바하

마하라 구타다라야 사바하 바마사간타 이사

시체다 가릿나 이나야 사바하 먀가라 잘마니

바 사나야 사바하

『나모라 다나다라 야야 나막알야 바로기제

새바라야 사바하』

불기 25　년　월　일　불자　　사경

신묘장구대다라니

나모 라다나 다라야야 나막알약 바로기제 새
바라야 모지사다바야 마하사다바야 마하가
로 니가야 옴 살바 바예수 다라나 가라야 다
사명 나막 까리다바 이맘알야 바로기제 새바
라 다바 니라간타 나막하리나야 마발다 이사
미 살발타 사다남 수반아예염 살바보다남 바
바마라 미수다감 다냐타 옴 아로계 아로가
마지로가 지가란제 혜혜하례 마하모지 사다
바 사마라 사마라 하리나야 구로구로 갈마
사다야 사다야 도로도로 미연제 마하미연제
다라다라 다린 나례 새바라 자라자라 마라미

마라 아마라 몰제예혜혜 로계새바라 라아 미

사미 나사야 나베사미사미 나사야 모하자라

미사미 나사야 호로호로 마라호로 하례 바나

마나바 사라사라 시리시리 소로소로 못쟈못

쟈 모다야 모다야 매다리야 니라간타 가마사

날사남 바라하라나야 마낙 사바하 싯다야 사

바하 마하싯다야 사바하 싯다유예 새바라야

사바하 니라간타야 사바하 바라하 목카싱하

목카야 사바하 바나마 하따야 사바하 자가라

욕다야 사바하 상카섭나네 모다나야 사바하

마하라 구타다라야 사바하 바마사간타 이사

시체다 가릿나 이나야 사바하 먀가라 잘마니

바 사나야 사바하

『나모라 다나다라 야야 나막알야 바로기제

새바라야 사바하』

불기 25　년　월　일　불자　　　사경

신묘장구대다라니

나모 라다나 다라야야 나막알약 바로기제 새
바라야 모지사다바야 마하사다바야 마하가
로 니가야 옴 살바 바예수 다라나 가라야 다
사명 나막 까리다바 이맘알야 바로기제 새바
라 다바 니라간타 나막하리나야 마발다 이사
미 살발타 사다남 수반아예염 살바보다남 바
바마라 미수다감 다냐타 옴 아로계 아로가
마지로가 지가란제 혜혜하례 마하모지 사다
바 사마라 사마라 하리나야 구로구로 갈마
사다야 사다야 도로도로 미연제 마하미연제
다라다라 다린 나례 새바라 자라자라 마라미

마라 아마라 몰제예혜혜 로계새바라 라아 미

사미 나사야 나베사미사미 나사야 모하자라

미사미 나사야 호로호로 마라호로 하례 바나

마나바 사라사라 시리시리 소로소로 못쟈못

쟈 모다야 모다야 매다리야 니라간타 가마사

날사남 바라하라나야 마낙 사바하 싯다야 사

바하 마하싯다야 사바하 싯다유예 새바라야

사바하 니라간타야 사바하 바라하 목카싱하

목카야 사바하 바나마 하따야 사바하 자가라

욕다야 사바하 상카섭나네 모다나야 사바하

마하라 구타다라야 사바하 바마사간타 이사

시체다 가릿나 이나야 사바하 먀가라 잘마니

바 사나야 사바하

『나모라 다나다라 야야 나막알야 바로기제

새바라야 사바하』

불기 25 년 월 일 불자 사경

신묘장구대다라니

나모 라다나 다라야야 나막알약 바로기제 새
바라야 모지사다바야 마하사다바야 마하가
로 니가야 옴 살바 바예수 다라나 가라야 다
사명 나막 까리다바 이맘알야 바로기제 새바
라 다바 니라간타 나막하리나야 마발다 이사
미 살발타 사다남 수반아예염 살바보다남 바
바마라 미수다감 다냐타 옴 아로계 아로가
마지로가 지가란제 혜혜하례 마하모지 사다
바 사마라 사마라 하리나야 구로구로 갈마
사다야 사다야 도로도로 미연제 마하미연제
다라다라 다린 나례 새바라 자라자라 마라미

마라 아마라 몰제예혜혜 로계새바라 라아 미

사미 나사야 나베사미사미 나사야 모하자라

미사미 나사야 호로호로 마라호로 하례 바나

마나바 사라사라 시리시리 소로소로 못쟈못

쟈 모다야 모다야 매다리야 니라간타 가마사

날사남 바라하라나야 마낙 사바하 싯다야 사

바하 마하싯다야 사바하 싯다유예 새바라야

사바하 니라간타야 사바하 바라하 목카싱하

목카야 사바하 바나마 하따야 사바하 자가라

욕다야 사바하 상카섭나네 모다나야 사바하

마하라 구타다라야 사바하 바마사간타 이사

시체다 가릿나 이나야 사바하 먀가라 잘마니

바 사나야 사바하

『나모라 다나다라 야야 나막알야 바로기제

새바라야 사바하』

불기 25 년 월 일 불자 사경

신묘장구대다라니

나모 라다나 다라야야 나막알약 바로기제 새
바라야 모지사다바야 마하사다바야 마하가
로 니가야 옴 살바 바예수 다라나 가라야 다
사명 나막 까리다바 이맘알야 바로기제 새바
라 다바 니라간타 나막하리나야 마발다 이사
미 살발타 사다남 수반아예염 살바보다남 바
바마라 미수다감 다냐타 옴 아로계 아로가
마지로가 지가란제 혜혜하례 마하모지 사다
바 사마라 사마라 하리나야 구로구로 갈마
사다야 사다야 도로도로 미연제 마하미연제
다라다라 다린 나례 새바라 자라자라 마라미

마라 아마라 몰제예혜혜 로계새바라 라아 미

사미 나사야 나베사미사미 나사야 모하자라

미사미 나사야 호로호로 마라호로 하례 바나

마나바 사라사라 시리시리 소로소로 못쟈못

쟈 모다야 모다야 매다리야 니라간타 가마사

날사남 바라하라나야 마낙 사바하 싯다야 사

바하 마하싯다야 사바하 싯다유예 새바라야

사바하 니라간타야 사바하 바라하 목카싱하

목카야 사바하 바나마 하따야 사바하 자가라

욕다야 사바하 상카섭나네 모다나야 사바하

마하라 구타다라야 사바하 바마사간타 이사

시체다 가릿나 이나야 사바하 먀가라 잘마니

바 사나야 사바하

『나모라 다나다라 야야 나막알야 바로기제

새바라야 사바하』

불기 25 년 월 일 불자 사경

신묘장구대다라니

나모 라다나 다라야야 나막알약 바로기제 새
바라야 모지사다바야 마하사다바야 마하가
로 니가야 옴 살바 바예수 다라나 가라야 다
사명 나막 까리다바 이맘알야 바로기제 새바
라 다바 니라간타 나막하리나야 마발다 이사
미 살발타 사다남 수반아예염 살바보다남 바
바마라 미수다감 다냐타 옴 아로계 아로가
마지로가 지가란제 혜혜하례 마하모지 사다
바 사마라 사마라 하리나야 구로구로 갈마
사다야 사다야 도로도로 미연제 마하미연제
다라다라 다린 나례 새바라 자라자라 마라미

마라 아마라 몰제예혜혜 로계새바라 라아 미
사미 나사야 나베사미사미 나사야 모하자라
미사미 나사야 호로호로 마라호로 하례 바나
마나바 사라사라 시리시리 소로소로 못쟈못
쟈 모다야 모다야 매다리야 니라간타 가마사
날사남 바라하라나야 마낙 사바하 싯다야 사
바하 마하싯다야 사바하 싯다유예 새바라야
사바하 니라간타야 사바하 바라하 목카싱하
목카야 사바하 바나마 하따야 사바하 자가라
욕다야 사바하 상카섭나네 모다나야 사바하
마하라 구타다라야 사바하 바마사간타 이사
시체다 가릿나 이나야 사바하 먀가라 잘마니
바 사나야 사바하

『나모라 다나다라 야야 나막알야 바로기제
새바라야 사바하』

불기 25 년 월 일 불자 사경

신묘장구대다라니

나모 라다나 다라야야 나막알약 바로기제 새
바라야 모지사다바야 마하사다바야 마하가
로 니가야 옴 살바 바예수 다라나 가라야 다
사명 나막 까리다바 이맘알야 바로기제 새바
라 다바 니라간타 나막하리나야 마발다 이사
미 살발타 사다남 수반아예염 살바보다남 바
바마라 미수다감 다냐타 옴 아로계 아로가
마지로가 지가란제 혜혜하례 마하모지 사다
바 사마라 사마라 하리나야 구로구로 갈마
사다야 사다야 도로도로 미연제 마하미연제
다라다라 다린 나례 새바라 자라자라 마라미

마라 아마라 몰제예혜혜 로계새바라 라아 미

사미 나사야 나베사미사미 나사야 모하자라

미사미 나사야 호로호로 마라호로 하례 바나

마나바 사라사라 시리시리 소로소로 못쟈못

쟈 모다야 모다야 매다리야 니라간타 가마사

날사남 바라하라나야 마낙 사바하 싯다야 사

바하 마하싯다야 사바하 싯다유예 새바라야

사바하 니라간타야 사바하 바라하 목카싱하

목카야 사바하 바나마 하따야 사바하 자가라

욕다야 사바하 상카섭나네 모다나야 사바하

마하라 구타다라야 사바하 바마사간타 이사

시체다 가릿나 이나야 사바하 먀가라 잘마니

바 사나야 사바하

『나모라 다나다라 야야 나막알야 바로기제

새바라야 사바하』

불기 25 년 월 일 불자 사경

신묘장구대다라니

나모 라다나 다라야야 나막알약 바로기제 새
바라야 모지사다바야 마하사다바야 마하가
로 니가야 옴 살바 바예수 다라나 가라야 다
사명 나막 까리다바 이맘알야 바로기제 새바
라 다바 니라간타 나막하리나야 마발다 이사
미 살발타 사다남 수반아예염 살바보다남 바
바마라 미수다감 다냐타 옴 아로계 아로가
마지로가 지가란제 혜혜하례 마하모지 사다
바 사마라 사마라 하리나야 구로구로 갈마
사다야 사다야 도로도로 미연제 마하미연제
다라다라 다린 나례 새바라 자라자라 마라미

마라 아마라 몰제예혜혜 로계새바라 라아 미
사미 나사야 나베사미사미 나사야 모하자라
미사미 나사야 호로호로 마라호로 하례 바나
마나바 사라사라 시리시리 소로소로 못자못
자 모다야 모다야 매다리야 니라간타 가마사
날사남 바라하라나야 마낙 사바하 싯다야 사
바하 마하싯다야 사바하 싯다유예 새바라야
사바하 니라간타야 사바하 바라하 목카싱하
목카야 사바하 바나마 하따야 사바하 자가라
욕다야 사바하 상카섭나네 모다나야 사바하
마하라 구타다라야 사바하 바마사간타 이사
시체다 가릿나 이나야 사바하 먀가라 잘마니
바 사나야 사바하
『나모라 다나다라 야야 나막알야 바로기제
새바라야 사바하』

불기 25 년 월 일 불자 사경

신묘장구대다라니

나모 라다나 다라야야 나막알약 바로기제 새
바라야 모지사다바야 마하사다바야 마하가
로 니가야 옴 살바 바예수 다라나 가라야 다
사명 나막 까리다바 이맘알야 바로기제 새바
라 다바 니라간타 나막하리나야 마발다 이사
미 살발타 사다남 수반아예염 살바보다남 바
바마라 미수다감 다냐타 옴 아로계 아로가
마지로가 지가란제 혜혜하례 마하모지 사다
바 사마라 사마라 하리나야 구로구로 갈마
사다야 사다야 도로도로 미연제 마하미연제
다라다라 다린 나례 새바라 자라자라 마라미

마라 아마라 몰제예혜혜 로계새바라 라아 미

사미 나사야 나베사미사미 나사야 모하자라

미사미 나사야 호로호로 마라호로 하례 바나

마나바 사라사라 시리시리 소로소로 못쟈못

쟈 모다야 모다야 매다리야 니라간타 가마사

날사남 바라하리나야 마낙 사바하 싯다야 사

바하 마하싯다야 사바하 싯다유예 새바라야

사바하 니라간타야 사바하 바라하 목카싱하

목카야 사바하 바나마 하다야 사바하 자가라

욕다야 사바하 상카섭나네 모다나야 사바하

마하라 구타다라야 사바하 바마사간타 이사

시체다 가릿나 이나야 사바하 마가라 잘마니

바 사나야 사바하

『나모라 다나다라 야야 나막알야 바로기제

새바라야 사바하』

불기 25 년 월 일 불자 사경

신묘장구대다라니

나모 라다나 다라야야 나막알약 바로기제 새
바라야 모지사다바야 마하사다바야 마하가
로 니가야 옴 살바 바예수 다라나 가라야 다
사명 나막 까리다바 이맘알야 바로기제 새바
라 다바 니라간타 나막하리나야 마발다 이사
미 살발타 사다남 수반아예염 살바보다남 바
바마라 미수다감 다냐타 옴 아로계 아로가
마지로가 지가란제 혜혜하례 마하모지 사다
바 사마라 사마라 하리나야 구로구로 갈마
사다야 사다야 도로도로 미연제 마하미연제
다라다라 다린 나례 새바라 자라자라 마라미

마라 아마라 몰제예혜혜 로계새바라 라아 미
사미 나사야 나베사미사미 나사야 모하자라
미사미 나사야 호로호로 마라호로 하례 바나
마나바 사라사라 시리시리 소로소로 못쟈못
쟈 모다야 모다야 매다리야 니라간타 가마사
날사남 바라하라나야 마낙 사바하 싯다야 사
바하 마하싯다야 사바하 싯다유예 새바라야
사바하 니라간타야 사바하 바라하 목카싱하
목카야 사바하 바나마 하따야 사바하 자가라
욕다야 사바하 상카섭나네 모다나야 사바하
마하라 구타다라야 사바하 바마사간타 이사
시체다 가릿나 이나야 사바하 먀가라 잘마니
바 사나야 사바하
『나모라 다나다라 야야 나막알야 바로기제
새바라야 사바하』

불기 25 년 월 일 불자 사경

신묘장구대다라니

나모 라다나 다라야야 나막알약 바로기제 새
바라야 모지사다바야 마하사다바야 마하가
로 니가야 옴 살바 바예수 다라나 가라야 다
사명 나막 까리다바 이맘알야 바로기제 새바
라 다바 니라간타 나막하리나야 마발다 이사
미 살발타 사다남 수반아예염 살바보다남 바
바마라 미수다감 다냐타 옴 아로계 아로가
마지로가 지가란제 혜혜하례 마하모지 사다
바 사마라 사마라 하리나야 구로구로 갈마
사다야 사다야 도로도로 미연제 마하미연제
다라다라 다린 나례 새바라 자라자라 마라미

마라 아마라 몰제예혜혜 로계새바라 라아 미

사미 나사야 나베사미사미 나사야 모하자라

미사미 나사야 호로호로 마라호로 하례 바나

마나바 사라사라 시리시리 소로소로 못쟈못

쟈 모다야 모다야 매다리야 니라간타 가마사

날사남 바라하라나야 마낙 사바하 싯다야 사

바하 마하싯다야 사바하 싯다유예 새바라야

사바하 니라간타야 사바하 바라하 목카싱하

목카야 사바하 바나마 하따야 사바하 자가라

욕다야 사바하 상카섭나네 모다나야 사바하

마하라 구타다라야 사바하 바마사간타 이사

시체다 가릿나 이나야 사바하 먀가라 잘마니

바 사나야 사바하

『나모라 다나다라 야야 나막알야 바로기제

새바라야 사바하』

불기 25 년 월 일 불자 사경

신묘장구대다라니

나모 라다나 다라야야 나막알약 바로기제 새
바라야 모지사다바야 마하사다바야 마하가
로 니가야 옴 살바 바예수 다라나 가라야 다
사명 나막 까리다바 이맘알야 바로기제 새바
라 다바 니라간타 나막하리나야 마발다 이사
미 살발타 사다남 수반아예염 살바보다남 바
바마라 미수다감 다냐타 옴 아로계 아로가
마지로가 지가란제 혜혜하례 마하모지 사다
바 사마라 사마라 하리나야 구로구로 갈마
사다야 사다야 도로도로 미연제 마하미연제
다라다라 다린 나례 새바라 자라자라 마라미

마라 아마라 몰제예혜혜 로계새바라 라아 미

사미 나사야 나베사미사미 나사야 모하자라

미사미 나사야 호로호로 마라호로 하례 바나

마나바 사라사라 시리시리 소로소로 못쟈못

쟈 모다야 모다야 매다리야 니라간타 가마사

날사남 바라하라나야 마낙 사바하 싯다야 사

바하 마하싯다야 사바하 싯다유예 새바라야

사바하 니라간타야 사바하 바라하 목카싱하

목카야 사바하 바나마 하따야 사바하 자가라

욕다야 사바하 상카섭나네 모다나야 사바하

마하라 구타다라야 사바하 바마사간타 이사

시체다 가릿나 이나야 사바하 먀가라 잘마니

바 사나야 사바하

『나모라 다나다라 야야 나막알야 바로기제

새바라야 사바하』

불기 25 년 월 일 불자 사경

신묘장구대다라니

나모 라다나 다라야야 나막알약 바로기제 새
바라야 모지사다바야 마하사다바야 마하가
로 니가야 옴 살바 바예수 다라나 가라야 다
사명 나막 까리다바 이맘알야 바로기제 새바
라 다바 니라간타 나막하리나야 마발다 이사
미 살발타 사다남 수반아예염 살바보다남 바
바마라 미수다감 다냐타 옴 아로계 아로가
마지로가 지가란제 혜혜하례 마하모지 사다
바 사마라 사마라 하리나야 구로구로 갈마
사다야 사다야 도로도로 미연제 마하미연제
다라다라 다린 나례 새바라 자라자라 마라미

마라 아마라 몰제예혜혜 로계새바라 라아 미

사미 나사야 나베사미사미 나사야 모하자라

미사미 나사야 호로호로 마라호로 하례 바나

마나바 사라사라 시리시리 소로소로 못쟈못

쟈 모다야 모다야 매다리야 니라간타 가마사

날사남 바라하라나야 마낙 사바하 싯다야 사

바하 마하싯다야 사바하 싯다유예 새바라야

사바하 니라간타야 사바하 바라하 목카싱하

목카야 사바하 바나마 하따야 사바하 자가라

욕다야 사바하 상카섭나네 모다나야 사바하

마하라 구타다라야 사바하 바마사간타 이사

시체다 가릿나 이나야 사바하 먀가라 잘마니

바 사나야 사바하

『나모라 다나다라 야야 나막알야 바로기제

새바라야 사바하』

불기 25 년 월 일 불자 사경

신묘장구대다라니

나모 라다나 다라야야 나막알약 바로기제 새
바라야 모지사다바야 마하사다바야 마하가
로 니가야 옴 살바 바예수 다라나 가라야 다
사명 나막 까리다바 이맘알야 바로기제 새바
라 다바 니라간타 나막하리나야 마발다 이사
미 살발타 사다남 수반아예염 살바보다남 바
바마라 미수다감 다냐타 옴 아로계 아로가
마지로가 지가란제 혜혜하례 마하모지 사다
바 사마라 사마라 하리나야 구로구로 갈마
사다야 사다야 도로도로 미연제 마하미연제
다라다라 다린 나례 새바라 자라자라 마라미

마라 아마라 몰제예혜혜 로계새바라 라아 미
사미 나사야 나베사미사미 나사야 모하자라
미사미 나사야 호로호로 마라호로 하례 바나
마나바 사라사라 시리시리 소로소로 못쟈못
쟈 모다야 모다야 매다리야 니라간타 가마사
날사남 바라하라나야 마낙 사바하 싯다야 사
바하 마하싯다야 사바하 싯다유예 새바라야
사바하 니라간타야 사바하 바라하 목카싱하
목카야 사바하 바나마 하다야 사바하 자가라
욕다야 사바하 상카섭나네 모다나야 사바하
마하라 구타다라야 사바하 바마사간타 이사
시체다 가릿나 이나야 사바하 먀가라 잘마니
바 사나야 사바하
『나모라 다나다라 야야 나막알야 바로기제
새바라야 사바하』

불기 25 년 월 일 불자 사경

신묘장구대다라니

나모 라다나 다라야야 나막알약 바로기제 새
바라야 모지사다바야 마하사다바야 마하가
로 니가야 옴 살바 바예수 다라나 가라야 다
사명 나막 까리다바 이맘알야 바로기제 새바
라 다바 니라간타 나막하리나야 마발다 이사
미 살발타 사다남 수반아예염 살바보다남 바
바마라 미수다감 다냐타 옴 아로계 아로가
마지로가 지가란제 혜혜하례 마하모지 사다
바 사마라 사마라 하리나야 구로구로 갈마
사다야 사다야 도로도로 미연제 마하미연제
다라다라 다린 나례 새바라 자라자라 마라미

마라 아마라 몰제예혜혜 로계새바라 라아 미

사미 나사야 나베사미사미 나사야 모하자라

미사미 나사야 호로호로 마라호로 하례 바나

마나바 사라사라 시리시리 소로소로 못쟈못

쟈 모다야 모다야 매다리야 니라간타 가마사

날사남 바라하라나야 마낙 사바하 싯다야 사

바하 마하싯다야 사바하 싯다유예 새바라야

사바하 니라간타야 사바하 바라하 목카싱하

목카야 사바하 바나마 하따야 사바하 자가라

욕다야 사바하 상카섭나네 모다나야 사바하

마하라 구타다라야 사바하 바마사간타 이사

시체다 가릿나 이나야 사바하 먀가라 잘마니

바 사나야 사바하

『나모라 다나다라 야야 나막알야 바로기제

새바라야 사바하』

불기 25 년 월 일 불자 사경

신묘장구대다라니

나모 라다나 다라야야 나막알약 바로기제 새
바라야 모지사다바야 마하사다바야 마하가
로 니가야 옴 살바 바예수 다라나 가라야 다
사명 나막 까리다바 이맘알야 바로기제 새바
라 다바 니라간타 나막하리나야 마발다 이사
미 살발타 사다남 수반아예염 살바보다남 바
바마라 미수다감 다냐타 옴 아로계 아로가
마지로가 지가란제 혜혜하례 마하모지 사다
바 사마라 사마라 하리나야 구로구로 갈마
사다야 사다야 도로도로 미연제 마하미연제
다라다라 다린 나례 새바라 자라자라 마라미

마라 아마라 몰제예혜혜 로계새바라 라아 미

사미 나사야 나베사미사미 나사야 모하자라

미사미 나사야 호로호로 마라호로 하례 바나

마나바 사라사라 시리시리 소로소로 못쟈못

쟈 모다야 모다야 매다리야 니라간타 가마사

날사남 바라하라나야 마낙 사바하 싯다야 사

바하 마하싯다야 사바하 싯다유예 새바라야

사바하 니라간타야 사바하 바라하 목카싱하

목카야 사바하 바나마 하따야 사바하 자가라

욕다야 사바하 상카섭나네 모다나야 사바하

마하라 구타다라야 사바하 바마사간타 이사

시체다 가릿나 이나야 사바하 먀가라 잘마니

바 사나야 사바하

『나모라 다나다라 야야 나막알야 바로기제

새바라야 사바하』

불기 25 년 월 일 불자 사경

신묘장구대다라니

나모 라다나 다라야야 나막알약 바로기제 새
바라야 모지사다바야 마하사다바야 마하가
로 니가야 옴 살바 바예수 다라나 가라야 다
사명 나막 까리다바 이맘알야 바로기제 새바
라 다바 니라간타 나막하리나야 마발다 이사
미 살발타 사다남 수반아예염 살바보다남 바
바마라 미수다감 다냐타 옴 아로계 아로가
마지로가 지가란제 혜혜하례 마하모지 사다
바 사마라 사마라 하리나야 구로구로 갈마
사다야 사다야 도로도로 미연제 마하미연제
다라다라 다린 나례 새바라 자라자라 마라미

마라 아마라 몰제예혜혜 로계새바라 라아 미

사미 나사야 나베사미사미 나사야 모하자라

미사미 나사야 호로호로 마라호로 하례 바나

마나바 사라사라 시리시리 소로소로 못쟈못

쟈 모다야 모다야 매다리야 니라간타 가마사

날사남 바라하라나야 마낙 사바하 싯다야 사

바하 마하싯다야 사바하 싯다유예 새바라야

사바하 니라간타야 사바하 바라하 목카싱하

목카야 사바하 바나마 하따야 사바하 자가라

욕다야 사바하 상카섭나네 모다나야 사바하

마하라 구타다라야 사바하 바마사간타 이사

시체다 가릿나 이나야 사바하 먀가라 잘마니

바 사나야 사바하

『나모라 다나다라 야야 나막알야 바로기제

새바라야 사바하』

불기 25 년 월 일 불자 사경

신묘장구대다라니

나모 라다나 다라야야 나막알약 바로기제 새
바라야 모지사다바야 마하사다바야 마하가
로 니가야 옴 살바 바예수 다라나 가라야 다
사명 나막 까리다바 이맘알야 바로기제 새바
라 다바 니라간타 나막하리나야 마발다 이사
미 살발타 사다남 수반아예염 살바보다남 바
바마라 미수다감 다냐타 옴 아로계 아로가
마지로가 지가란제 혜혜하례 마하모지 사다
바 사마라 사마라 하리나야 구로구로 갈마
사다야 사다야 도로도로 미연제 마하미연제
다라다라 다린 나례 새바라 자라자라 마라미

마라 아마라 몰제예혜혜 로계새바라 라아 미
사미 나사야 나베사미사미 나사야 모하자라
미사미 나사야 호로호로 마라호로 하례 바나
마나바 사라사라 시리시리 소로소로 못쟈못
쟈 모다야 모다야 매다리야 니라간타 가마사
날사남 바라하라나야 마낙 사바하 싯다야 사
바하 마하싯다야 사바하 싯다유예 새바라야
사바하 니라간타야 사바하 바라하 목카싱하
목카야 사바하 바나마 하따야 사바하 자가라
욕다야 사바하 상카섭나네 모다나야 사바하
마하라 구타다라야 사바하 바마사간타 이사
시체다 가릿나 이나야 사바하 먀가라 잘마니
바 사나야 사바하
『나모라 다나다라 야야 나막알야 바로기제
새바라야 사바하』

불기 25 년 월 일 불자 사경

신묘장구대다라니

나모 라다나 다라야야 나막알약 바로기제 새
바라야 모지사다바야 마하사다바야 마하가
로 니가야 옴 살바 바예수 다라나 가라야 다
사명 나막 까리다바 이맘알야 바로기제 새바
라 다바 니라간타 나막하리나야 마발다 이사
미 살발타 사다남 수반아예염 살바보다남 바
바마라 미수다감 다냐타 옴 아로계 아로가
마지로가 지가란제 혜혜하례 마하모지 사다
바 사마라 사마라 하리나야 구로구로 갈마
사다야 사다야 도로도로 미연제 마하미연제
다라다라 다린 나례 새바라 자라자라 마라미

마라 아마라 몰제예혜혜 로계새바라 라아 미

사미 나사야 나베사미사미 나사야 모하자라

미사미 나사야 호로호로 마라호로 하례 바나

마나바 사라사라 시리시리 소로소로 못쟈못

쟈 모다야 모다야 매다리야 니라간타 가마사

날사남 바라하라나야 마낙 사바하 싯다야 사

바하 마하싯다야 사바하 싯다유예 새바라야

사바하 니라간타야 사바하 바라하 목카싱하

목카야 사바하 바나마 하따야 사바하 자가라

욕다야 사바하 상카섭나네 모다나야 사바하

마하라 구타다라야 사바하 바마사간타 이사

시체다 가릿나 이나야 사바하 먀가라 잘마니

바 사나야 사바하

『나모라 다나다라 야야 나막알야 바로기제

새바라야 사바하』

불기 25 년 월 일 불자 사경

신묘장구대다라니

나모 라다나 다라야야 나막알약 바로기제 새
바라야 모지사다바야 마하사다바야 마하가
로 니가야 옴 살바 바예수 다라나 가라야 다
사명 나막 까리다바 이맘알야 바로기제 새바
라 다바 니라간타 나막하리나야 마발다 이사
미 살발타 사다남 수반아예염 살바보다남 바
바마라 미수다감 다냐타 옴 아로계 아로가
마지로가 지가란제 혜혜하례 마하모지 사다
바 사마라 사마라 하리나야 구로구로 갈마
사다야 사다야 도로도로 미연제 마하미연제
다라다라 다린 나례 새바라 자라자라 마라미

마라 아마라 몰제예혜혜 로계새바라 라아 미
사미 나사야 나베사미사미 나사야 모하자라
미사미 나사야 호로호로 마라호로 하례 바나
마나바 사라사라 시리시리 소로소로 못쟈못
쟈 모다야 모다야 매다리야 니라간타 가마사
날사남 바라하라나야 마낙 사바하 싯다야 사
바하 마하싯다야 사바하 싯다유예 새바라야
사바하 니라간타야 사바하 바라하 목카싱하
목카야 사바하 바나마 하따야 사바하 자가라
욕다야 사바하 상카섭나네 모다나야 사바하
마하라 구타다라야 사바하 바마사간타 이사
시체다 가릿나 이나야 사바하 먀가라 잘마니
바 사나야 사바하
『나모라 다나다라 야야 나막알야 바로기제
새바라야 사바하』

불기 25 년 월 일 불자 사경

신묘장구대다라니

나모 라다나 다라야야 나막알약 바로기제 새
바라야 모지사다바야 마하사다바야 마하가
로 니가야 옴 살바 바예수 다라나 가라야 다
사명 나막 까리다바 이맘알야 바로기제 새바
라 다바 니라간타 나막하리나야 마발다 이사
미 살발타 사다남 수반아예염 살바보다남 바
바마라 미수다감 다냐타 옴 아로계 아로가
마지로가 지가란제 혜혜하례 마하모지 사다
바 사마라 사마라 하리나야 구로구로 갈마
사다야 사다야 도로도로 미연제 마하미연제
다라다라 다린 나례 새바라 자라자라 마라미

마라 아마라 몰제예혜혜 로계새바라 라아 미

사미 나사야 나베사미사미 나사야 모하자라

미사미 나사야 호로호로 마라호로 하례 바나

마나바 사라사라 시리시리 소로소로 못쟈못

쟈 모다야 모다야 매다리야 니라간타 가마사

날사남 바라하라나야 마낙 사바하 싯다야 사

바하 마하싯다야 사바하 싯다유예 새바라야

사바하 니라간타야 사바하 바라하 목카싱하

목카야 사바하 바나마 하따야 사바하 자가라

욕다야 사바하 상카섭나네 모다나야 사바하

마하라 구타다라야 사바하 바마사간타 이사

시체다 가릿나 이나야 사바하 먀가라 잘마니

바 사나야 사바하

『나모라 다나다라 야야 나막알야 바로기제

새바라야 사바하』

불기 25　　년　　월　　일　　불자　　　　　　사경

신묘장구대다라니

나모 라다나 다라야야 나막알약 바로기제 새
바라야 모지사다바야 마하사다바야 마하가
로 니가야 옴 살바 바예수 다라나 가라야 다
사명 나막 까리다바 이맘알야 바로기제 새바
라 다바 니라간타 나막하리나야 마발다 이사
미 살발타 사다남 수반아예염 살바보다남 바
바마라 미수다감 다냐타 옴 아로계 아로가
마지로가 지가란제 혜혜하례 마하모지 사다
바 사마라 사마라 하리나야 구로구로 갈마
사다야 사다야 도로도로 미연제 마하미연제
다라다라 다린 나레 새바라 자라자라 마라미

마라 아마라 몰제예혜혜 로계새바라 라아 미
사미 나사야 나베사미사미 나사야 모하자라
미사미 나사야 호로호로 마라호로 하례 바나
마나바 사라사라 시리시리 소로소로 못쟈못
쟈 모다야 모다야 매다리야 니라간타 가마사
날사남 바라하라나야 마낙 사바하 싯다야 사
바하 마하싯다야 사바하 싯다유예 새바라야
사바하 니라간타야 사바하 바라하 목카싱하
목카야 사바하 바나마 하따야 사바하 자가라
욕다야 사바하 상카섭나네 모다나야 사바하
마하라 구타다라야 사바하 바마사간타 이사
시체다 가릿나 이나야 사바하 먀가라 잘마니
바 사나야 사바하
『나모라 다나다라 야야 나막알야 바로기제
새바라야 사바하』

불기 25 년 월 일 불자 사경

신묘장구대다라니

나모 라다나 다라야야 나막알약 바로기제 새

바라야 모지사다바야 마하사다바야 마하가

로 니가야 옴 살바 바예수 다라나 가라야 다

사명 나막 까리다바 이맘알야 바로기제 새바

라 다바 니라간타 나막하리나야 마발다 이사

미 살발타 사다남 수반아예염 살바보다남 바

바마라 미수다감 다냐타 옴 아로계 아로가

마지로가 지가란제 혜혜하례 마하모지 사다

바 사마라 사마라 하리나야 구로구로 갈마

사다야 사다야 도로도로 미연제 마하미연제

다라다라 다린 나례 새바라 자라자라 마라미

마라 아마라 몰제예혜혜 로계새바라 라아 미
사미 나사야 나베사미사미 나사야 모하자라
미사미 나사야 호로호로 마라호로 하례 바나
마나바 사라사라 시리시리 소로소로 못쟈못
쟈 모다야 모다야 매다리야 니라간타 가마사
날사남 바라하라나야 마낙 사바하 싯다야 사
바하 마하싯다야 사바하 싯다유예 새바라야
사바하 니라간타야 사바하 바라하 목카싱하
목카야 사바하 바나마 하따야 사바하 자가라
욕다야 사바하 상카섭나네 모다나야 사바하
마하라 구타다라야 사바하 바마사간타 이사
시체다 가릿나 이나야 사바하 먀가라 잘마니
바 사나야 사바하

『나모라 다나다라 야야 나막알야 바로기제
새바라야 사바하』

불기 25 년 월 일 불자 사경

신묘장구대다라니

나모 라다나 다라야야 나막알약 바로기제 새

바라야 모지사다바야 마하사다바야 마하가

로 니가야 옴 살바 바예수 다라나 가라야 다

사명 나막 까리다바 이맘알야 바로기제 새바

라 다바 니라간타 나막하리나야 마발다 이사

미 살발타 사다남 수반아예염 살바보다남 바

바마라 미수다감 다냐타 옴 아로계 아로가

마지로가 지가란제 혜혜하례 마하모지 사다

바 사마라 사마라 하리나야 구로구로 갈마

사다야 사다야 도로도로 미연제 마하미연제

다라다라 다린 나례 새바라 자라자라 마라미

마라 아마라 몰제예혜혜 로계새바라 라아 미

사미 나사야 나베사미사미 나사야 모하자라

미사미 나사야 호로호로 마라호로 하례 바나

마나바 사라사라 시리시리 소로소로 못쟈못

쟈 모다야 모다야 매다리야 니라간타 가마사

날사남 바라하라나야 마낙 사바하 싯다야 사

바하 마하싯다야 사바하 싯다유예 새바라야

사바하 니라간타야 사바하 바라하 목카싱하

목카야 사바하 바나마 하따야 사바하 자가라

욕다야 사바하 상카섭나네 모다나야 사바하

마하라 구타다라야 사바하 바마사간타 이사

시체다 가릿나 이나야 사바하 먀가라 잘마니

바 사나야 사바하

『나모라 다나다라 야야 나막알야 바로기제

새바라야 사바하』

불기 25 년 월 일 불자 사경

신묘장구대다라니

나모 라다나 다라야야 나막알약 바로기제 새
바라야 모지사다바야 마하사다바야 마하가
로 니가야 옴 살바 바예수 다라나 가라야 다
사명 나막 까리다바 이맘알야 바로기제 새바
라 다바 니라간타 나막하리나야 마발다 이사
미 살발타 사다남 수반아예염 살바보다남 바
바마라 미수다감 다냐타 옴 아로계 아로가
마지로가 지가란제 혜혜하례 마하모지 사다
바 사마라 사마라 하리나야 구로구로 갈마
사다야 사다야 도로도로 미연제 마하미연제
다라다라 다린 나례 새바라 자라자라 마라미

마라 아마라 몰제예혜혜 로계새바라 라아 미

사미 나사야 나베사미사미 나사야 모하자라

미사미 나사야 호로호로 마라호로 하례 바나

마나바 사라사라 시리시리 소로소로 못쟈못

쟈 모다야 모다야 매다리야 니라간타 가마사

날사남 바라하라나야 마낙 사바하 싯다야 사

바하 마하싯다야 사바하 싯다유예 새바라야

사바하 니라간타야 사바하 바라하 목카싱하

목카야 사바하 바나마 하따야 사바하 자가라

욕다야 사바하 상카섭나네 모다나야 사바하

마하라 구타다라야 사바하 바마사간타 이사

시체다 가릿나 이나야 사바하 마가라 잘마니

바 사나야 사바하

『나모라 다나다라 야야 나막알야 바로기제

새바라야 사바하』

불기 25 년 월 일 불자 사경

신묘장구대다라니

나모 라다나 다라야야 나막알약 바로기제 새
바라야 모지사다바야 마하사다바야 마하가
로 니가야 옴 살바 바예수 다라나 가라야 다
사명 나막 까리다바 이맘알야 바로기제 새바
라 다바 니라간타 나막하리나야 마발다 이사
미 살발타 사다남 수반아예염 살바보다남 바
바마라 미수다감 다냐타 옴 아로계 아로가
마지로가 지가란제 혜혜하례 마하모지 사다
바 사마라 사마라 하리나야 구로구로 갈마
사다야 사다야 도로도로 미연제 마하미연제
다라다라 다린 나례 새바라 자라자라 마라미

마라 아마라 몰제예혜혜 로계새바라 라아 미
사미 나사야 나베사미사미 나사야 모하자라
미사미 나사야 호로호로 마라호로 하례 바나
마나바 사라사라 시리시리 소로소로 못쟈못
쟈 모다야 모다야 매다리야 니라간타 가마사
날사남 바라하라나야 마낙 사바하 싯다야 사
바하 마하싯다야 사바하 싯다유예 새바라야
사바하 니라간타야 사바하 바라하 목카싱하
목카야 사바하 바나마 하따야 사바하 자가라
욕다야 사바하 상카섭나네 모다나야 사바하
마하라 구타다라야 사바하 바마사간타 이사
시체다 가릿나 이나야 사바하 먀가라 잘마니
바 사나야 사바하
『나모라 다나다라 야야 나막알야 바로기제
새바라야 사바하』

불기 25 년 월 일 불자 사경

신묘장구대다라니

나모 라다나 다라야야 나막알약 바로기제 새
바라야 모지사다바야 마하사다바야 마하가
로 니가야 옴 살바 바예수 다라나 가라야 다
사명 나막 까리다바 이맘알야 바로기제 새바
라 다바 니라간타 나막하리나야 마발다 이사
미 살발타 사다남 수반아예염 살바보다남 바
바마라 미수다감 다냐타 옴 아로계 아로가
마지로가 지가란제 혜혜하례 마하모지 사다
바 사마라 사마라 하리나야 구로구로 갈마
사다야 사다야 도로도로 미연제 마하미연제
다라다라 다린 나례 새바라 자라자라 마라미

마라 아마라 몰제예혜혜 로계새바라 라아 미
사미 나사야 나베사미사미 나사야 모하자라
미사미 나사야 호로호로 마라호로 하례 바나
마나바 사라사라 시리시리 소로소로 못쟈못
쟈 모다야 모다야 매다리야 니라간타 가마사
날사남 바라하라나야 마낙 사바하 싯다야 사
바하 마하싯다야 사바하 싯다유예 새바라야
사바하 니라간타야 사바하 바라하 목카싱하
목카야 사바하 바나마 하따야 사바하 자가라
욕다야 사바하 상카섭나네 모다나야 사바하
마하라 구타다라야 사바하 바마사간타 이사
시체다 가릿나 이나야 사바하 먀가라 잘마니
바 사나야 사바하
『나모라 다나다라 야야 나막알야 바로기제
새바라야 사바하』

불기 25 년 월 일 불자 사경

신묘장구대다라니

나모 라다나 다라야야 나막알약 바로기제 새
바라야 모지사다바야 마하사다바야 마하가
로 니가야 옴 살바 바예수 다라나 가라야 다
사명 나막 까리다바 이맘알야 바로기제 새바
라 다바 니라간타 나막하리나야 마발다 이사
미 살발타 사다남 수반아예염 살바보다남 바
바마라 미수다감 다냐타 옴 아로계 아로가
마지로가 지가란제 혜혜하례 마하모지 사다
바 사마라 사마라 하리나야 구로구로 갈마
사다야 사다야 도로도로 미연제 마하미연제
다라다라 다린 나례 새바라 자라자라 마라미

마라 아마라 몰제예혜혜 로계새바라 라아 미

사미 나사야 나베사미사미 나사야 모하자라

미사미 나사야 호로호로 마라호로 하례 바나

마나바 사라사라 시리시리 소로소로 못쟈못

쟈 모다야 모다야 매다리야 니라간타 가마사

날사남 바라하라나야 마낙 사바하 싯다야 사

바하 마하싯다야 사바하 싯다유예 새바라야

사바하 니라간타야 사바하 바라하 목카싱하

목카야 사바하 바나마 하따야 사바하 자가라

욕다야 사바하 상카섭나네 모다나야 사바하

마하라 구타다라야 사바하 바마사간타 이사

시체다 가릿나 이나야 사바하 먀가라 잘마니

바 사나야 사바하

『나모라 다나다라 야야 나막알야 바로기제

새바라야 사바하』

불기 25 년 월 일 불자 사경

신묘장구대다라니

나모 라다나 다라야야 나막알약 바로기제 새
바라야 모지사다바야 마하사다바야 마하가
로 니가야 옴 살바 바예수 다라나 가라야 다
사명 나막 까리다바 이맘알야 바로기제 새바
라 다바 니라간타 나막하리나야 마발다 이사
미 살발타 사다남 수반아예염 살바보다남 바
바마라 미수다감 다냐타 옴 아로계 아로가
마지로가 지가란제 혜혜하례 마하모지 사다
바 사마라 사마라 하리나야 구로구로 갈마
사다야 사다야 도로도로 미연제 마하미연제
다라다라 다린 나례 새바라 자라자라 마라미

마라 아마라 몰제예혜혜 로계새바라 라아 미
사미 나사야 나베사미사미 나사야 모하자라
미사미 나사야 호로호로 마라호로 하례 바나
마나바 사라사라 시리시리 소로소로 못쟈못
쟈 모다야 모다야 매다리야 니라간타 가마사
날사남 바라하라나야 마낙 사바하 싯다야 사
바하 마하싯다야 사바하 싯다유예 새바라야
사바하 니라간타야 사바하 바라하 목카싱하
목카야 사바하 바나마 하따야 사바하 자가라
욕다야 사바하 상카섭나네 모다나야 사바하
마하라 구타다라야 사바하 바마사간타 이사
시체다 가릿나 이나야 사바하 먀가라 잘마니
바 사나야 사바하
『나모라 다나다라 야야 나막알야 바로기제
새바라야 사바하』

불기 25 년 월 일 불자 사경

신묘장구대다라니

나모 라다나 다라야야 나막알약 바로기제 새
바라야 모지사다바야 마하사다바야 마하가
로 니가야 옴 살바 바예수 다라나 가라야 다
사명 나막 까리다바 이맘알야 바로기제 새바
라 다바 니라간타 나막하리나야 마발다 이사
미 살발타 사다남 수반아예염 살바보다남 바
바마라 미수다감 다냐타 옴 아로계 아로가
마지로가 지가란제 혜혜하례 마하모지 사다
바 사마라 사마라 하리나야 구로구로 갈마
사다야 사다야 도로도로 미연제 마하미연제
다라다라 다린 나례 새바라 자라자라 마라미

마라 아마라 몰제예혜혜 로계새바라 라아 미
사미 나사야 나베사미사미 나사야 모하자라
미사미 나사야 호로호로 마라호로 하례 바나
마나바 사라사라 시리시리 소로소로 못쟈못
쟈 모다야 모다야 매다리야 니라간타 가마사
날사남 바라하라나야 마낙 사바하 싯다야 사
바하 마하싯다야 사바하 싯다유예 새바라야
사바하 니라간타야 사바하 바라하 목카싱하
목카야 사바하 바나마 하따야 사바하 자가라
욕다야 사바하 상카섭나네 모다나야 사바하
마하라 구타다라야 사바하 바마사간타 이사
시체다 가릿나 이나야 사바하 먀가라 잘마니
바 사나야 사바하
『나모라 다나다라 야야 나막알야 바로기제
새바라야 사바하』

불기 25 년 월 일 불자 사경

신묘장구대다라니

나모 라다나 다라야야 나막알약 바로기제 새

바라야 모지사다바야 마하사다바야 마하가

로 니가야 옴 살바 바예수 다라나 가라야 다

사명 나막 까리다바 이맘알야 바로기제 새바

라 다바 니라간타 나막하리나야 마발다 이사

미 살발타 사다남 수반아예염 살바보다남 바

바마라 미수다감 다냐타 옴 아로계 아로가

마지로가 지가란제 혜혜하례 마하모지 사다

바 사마라 사마라 하리나야 구로구로 갈마

사다야 사다야 도로도로 미연제 마하미연제

다라다라 다린 나례 새바라 자라자라 마라미

마라 아마라 몰제예혜혜 로계새바라 라아 미
사미 나사야 나베사미사미 나사야 모하자라
미사미 나사야 호로호로 마라호로 하례 바나
마나바 사라사라 시리시리 소로소로 못쟈못
쟈 모다야 모다야 매다리야 니라간타 가마사
날사남 바라하라나야 마낙 사바하 싯다야 사
바하 마하싯다야 사바하 싯다유예 새바라야
사바하 니라간타야 사바하 바라하 목카싱하
목카야 사바하 바나마 하따야 사바하 자가라
욕다야 사바하 상카섭나네 모다나야 사바하
마하라 구타다라야 사바하 바마사간타 이사
시체다 가릿나 이나야 사바하 마가라 잘마니
바 사나야 사바하

『나모라 다나다라 야야 나막알야 바로기제
새바라야 사바하』

불기 25 년 월 일 불자 사경

신묘장구대다라니

나모 라다나 다라야야 나막알약 바로기제 새
바라야 모지사다바야 마하사다바야 마하가
로 니가야 옴 살바 바예수 다라나 가라야 다
사명 나막 까리다바 이맘알야 바로기제 새바
라 다바 니라간타 나막하리나야 마발다 이사
미 살발타 사다남 수반아예염 살바보다남 바
바마라 미수다감 다냐타 옴 아로계 아로가
마지로가 지가란제 혜혜하례 마하모지 사다
바 사마라 사마라 하리나야 구로구로 갈마
사다야 사다야 도로도로 미연제 마하미연제
다라다라 다린 나례 새바라 자라자라 마라미

마라 아마라 몰제예혜혜 로계새바라 라아 미

사미 나사야 나베사미사미 나사야 모하자라

미사미 나사야 호로호로 마라호로 하례 바나

마나바 사라사라 시리시리 소로소로 못쟈못

쟈 모다야 모다야 매다리야 니라간타 가마사

날사남 바라하라나야 마낙 사바하 싯다야 사

바하 마하싯다야 사바하 싯다유예 새바라야

사바하 니라간타야 사바하 바라하 목카싱하

목카야 사바하 바나마 하따야 사바하 자가라

욕다야 사바하 상카섭나네 모다나야 사바하

마하라 구타다라야 사바하 바마사간타 이사

시체다 가릿나 이나야 사바하 먀가라 잘마니

바 사나야 사바하

『나모라 다나다라 야야 나막알야 바로기제

새바라야 사바하』

불기 25 년 월 일 불자 사경

신묘장구대다라니

나모 라다나 다라야야 나막알약 바로기제 새

바라야 모지사다바야 마하사다바야 마하가

로 니가야 옴 살바 바예수 다라나 가라야 다

사명 나막 까리다바 이맘알야 바로기제 새바

라 다바 니라간타 나막하리나야 마발다 이사

미 살발타 사다남 수반아예염 살바보다남 바

바마라 미수다감 다냐타 옴 아로계 아로가

마지로가 지가란제 혜혜하례 마하모지 사다

바 사마라 사마라 하리나야 구로구로 갈마

사다야 사다야 도로도로 미연제 마하미연제

다라다라 다린 나례 새바라 자라자라 마라미

마라 아마라 몰제예혜혜 로계새바라 라아 미
사미 나사야 나베사미사미 나사야 모하자라
미사미 나사야 호로호로 마라호로 하례 바나
마나바 사라사라 시리시리 소로소로 못쟈못
쟈 모다야 모다야 매다리야 니라간타 가마사
날사남 바라하라나야 마낙 사바하 싯다야 사
바하 마하싯다야 사바하 싯다유예 새바라야
사바하 니라간타야 사바하 바라하 목카싱하
목카야 사바하 바나마 하따야 사바하 자가라
욕다야 사바하 상카섭나네 모다나야 사바하
마하라 구타다라야 사바하 바마사간타 이사
시체다 가릿나 이나야 사바하 먀가라 잘마니
바 사나야 사바하
『나모라 다나다라 야야 나막알야 바로기제
새바라야 사바하』

불기 25 년 월 일 불자 사경

신묘장구대다라니

나모 라다나 다라야야 나막알약 바로기제 새
바라야 모지사다바야 마하사다바야 마하가
로 니가야 옴 살바 바예수 다라나 가라야 다
사명 나막 까리다바 이맘알야 바로기제 새바
라 다바 니라간타 나막하리나야 마발다 이사
미 살발타 사다남 수반아예염 살바보다남 바
바마라 미수다감 다냐타 옴 아로계 아로가
마지로가 지가란제 혜혜하례 마하모지 사다
바 사마라 사마라 하리나야 구로구로 갈마
사다야 사다야 도로도로 미연제 마하미연제
다라다라 다린 나례 새바라 자라자라 마라미

마라 아마라 몰제예혜혜 로계새바라 라아 미
사미 나사야 나베사미사미 나사야 모하자라
미사미 나사야 호로호로 마라호로 하례 바나
마나바 사라사라 시리시리 소로소로 못쟈못
쟈 모다야 모다야 매다리야 니라간타 가마사
날사남 바라하라나야 마낙 사바하 싯다야 사
바하 마하싯다야 사바하 싯다유예 새바라야
사바하 니라간타야 사바하 바라하 목카싱하
목카야 사바하 바나마 하따야 사바하 자가라
욕다야 사바하 상카섭나네 모다나야 사바하
마하라 구타다라야 사바하 바마사간타 이사
시체다 가릿나 이나야 사바하 먀가라 잘마니
바 사나야 사바하
『나모라 다나다라 야야 나막알야 바로기제
새바라야 사바하』

불기 25 년 월 일 불자 사경

신묘장구대다라니

나모 라다나 다라야야 나막알약 바로기제 새
바라야 모지사다바야 마하사다바야 마하가
로 니가야 옴 살바 바예수 다라나 가라야 다
사명 나막 까리다바 이맘알야 바로기제 새바
라 다바 니라간타 나막하리나야 마발다 이사
미 살발타 사다남 수반아예염 살바보다남 바
바마라 미수다감 다냐타 옴 아로계 아로가
마지로가 지가란제 혜혜하레 마하모지 사다
바 사마라 사마라 하리나야 구로구로 갈마
사다야 사다야 도로도로 미연제 마하미연제
다라다라 다린 나레 새바라 자라자라 마라미

마라 아마라 몰제예혜혜 로계새바라 라아 미
사미 나사야 나베사미사미 나사야 모하자라
미사미 나사야 호로호로 마라호로 하례 바나
마나바 사라사라 시리시리 소로소로 못쟈못
쟈 모다야 모다야 매다리야 니라간타 가마사
날사남 바라하라나야 마낙 사바하 싯다야 사
바하 마하싯다야 사바하 싯다유예 새바라야
사바하 니라간타야 사바하 바라하 목카싱하
목카야 사바하 바나마 하따야 사바하 자가라
욕다야 사바하 상카섭나네 모다나야 사바하
마하라 구타다라야 사바하 바마사간타 이사
시체다 가릿나 이나야 사바하 마가라 잘마니
바 사나야 사바하
『나모라 다나다라 야야 나막알야 바로기제
새바라야 사바하』

불기 25 년 월 일 불자 사경

신묘장구대다라니

나모 라다나 다라야야 나막알약 바로기제 새
바라야 모지사다바야 마하사다바야 마하가
로 니가야 옴 살바 바예수 다라나 가라야 다
사명 나막 까리다바 이맘알야 바로기제 새바
라 다바 니라간타 나막하리나야 마발다 이사
미 살발타 사다남 수반아예염 살바보다남 바
바마라 미수다감 다냐타 옴 아로계 아로가
마지로가 지가란제 혜혜하례 마하모지 사다
바 사마라 사마라 하리나야 구로구로 갈마
사다야 사다야 도로도로 미연제 마하미연제
다라다라 다린 나례 새바라 자라자라 마라미

마라 아마라 몰제예혜혜 로계새바라 라아 미
사미 나사야 나베사미사미 나사야 모하자라
미사미 나사야 호로호로 마라호로 하례 바나
마나바 사라사라 시리시리 소로소로 못쟈못
쟈 모다야 모다야 매다리야 니라간타 가마사
날사남 바라하라나야 마낙 사바하 싯다야 사
바하 마하싯다야 사바하 싯다유예 새바라야
사바하 니라간타야 사바하 바라하 목카싱하
목카야 사바하 바나마 하따야 사바하 자가라
욕다야 사바하 상카섭나네 모다나야 사바하
마하라 구타다라야 사바하 바마사간타 이사
시체다 가릿나 이나야 사바하 먀가라 잘마니
바 사나야 사바하

『나모라 다나다라 야야 나막알야 바로기제
새바라야 사바하』

불기 25 년 월 일 불자 사경

신묘장구대다라니

나모 라다나 다라야야 나막알약 바로기제 새
바라야 모지사다바야 마하사다바야 마하가
로 니가야 옴 살바 바예수 다라나 가라야 다
사명 나막 까리다바 이맘알야 바로기제 새바
라 다바 니라간타 나막하리나야 마발다 이사
미 살발타 사다남 수반아예염 살바보다남 바
바마라 미수다감 다냐타 옴 아로계 아로가
마지로가 지가란제 혜혜하례 마하모지 사다
바 사마라 사마라 하리나야 구로구로 갈마
사다야 사다야 도로도로 미연제 마하미연제
다라다라 다린 나례 새바라 자라자라 마라미

마라 아마라 몰제예혜혜 로계새바라 라아 미
사미 나사야 나베사미사미 나사야 모하자라
미사미 나사야 호로호로 마라호로 하례 바나
마나바 사라사라 시리시리 소로소로 못쟈못
쟈 모다야 모다야 매다리야 니라간타 가마사
날사남 바라하라나야 마낙 사바하 싯다야 사
바하 마하싯다야 사바하 싯다유예 새바라야
사바하 니라간타야 사바하 바라하 목카싱하
목카야 사바하 바나마 하따야 사바하 자가라
욕다야 사바하 상카섭나네 모다나야 사바하
마하라 구타다라야 사바하 바마사간타 이사
시체다 가릿나 이나야 사바하 마가라 잘마니
바 사나야 사바하
『나모라 다나다라 야야 나막알야 바로기제
새바라야 사바하』

불기 25 년 월 일 불자 사경

신묘장구대다라니

나모 라다나 다라야야 나막알약 바로기제 새
바라야 모지사다바야 마하사다바야 마하가
로 니가야 옴 살바 바예수 다라나 가라야 다
사명 나막 까리다바 이맘알야 바로기제 새바
라 다바 니라간타 나막하리나야 마발다 이사
미 살발타 사다남 수반아예염 살바보다남 바
바마라 미수다감 다냐타 옴 아로계 아로가
마지로가 지가란제 혜혜하례 마하모지 사다
바 사마라 사마라 하리나야 구로구로 갈마
사다야 사다야 도로도로 미연제 마하미연제
다라다라 다린 나례 새바라 자라자라 마라미

마라 아마라 몰제예혜혜 로계새바라 라아 미
사미 나사야 나베사미사미 나사야 모하자라
미사미 나사야 호로호로 마라호로 하례 바나
마나바 사라사라 시리시리 소로소로 못쟈못
쟈 모다야 모다야 매다리야 니라간타 가마사
날사남 바라하라나야 마낙 사바하 싯다야 사
바하 마하싯다야 사바하 싯다유예 새바라야
사바하 니라간타야 사바하 바라하 목카싱하
목카야 사바하 바나마 하따야 사바하 자가라
욕다야 사바하 상카섭나네 모다나야 사바하
마하라 구타다라야 사바하 바마사간타 이사
시체다 가릿나 이나야 사바하 먀가라 잘마니
바 사나야 사바하
『나모라 다나다라 야야 나막알야 바로기제
새바라야 사바하』

불기 25 년 월 일 불자 사경

신묘장구대다라니

나모 라다나 다라야야 나막알약 바로기제 새
바라야 모지사다바야 마하사다바야 마하가
로 니가야 옴 살바 바예수 다라나 가라야 다
사명 나막 까리다바 이맘알야 바로기제 새바
라 다바 니라간타 나막하리나야 마발다 이사
미 살발타 사다남 수반아예염 살바보다남 바
바마라 미수다감 다냐타 옴 아로계 아로가
마지로가 지가란제 혜혜하례 마하모지 사다
바 사마라 사마라 하리나야 구로구로 갈마
사다야 사다야 도로도로 미연제 마하미연제
다라다라 다린 나례 새바라 자라자라 마라미

마라 아마라 몰제예혜혜 로계새바라 라아 미

사미 나사야 나베사미사미 나사야 모하자라

미사미 나사야 호로호로 마라호로 하례 바나

마나바 사라사라 시리시리 소로소로 못쟈못

쟈 모다야 모다야 매다리야 니라간타 가마사

날사남 바라하라나야 마낙 사바하 싯다야 사

바하 마하싯다야 사바하 싯다유예 새바라야

사바하 니라간타야 사바하 바라하 목카싱하

목카야 사바하 바나마 하따야 사바하 자가라

욕다야 사바하 상카섭나네 모다나야 사바하

마하라 구타다라야 사바하 바마사간타 이사

시체다 가릿나 이나야 사바하 마가라 잘마니

바 사나야 사바하

『나모라 다나다라 야야 나막알야 바로기제

새바라야 사바하』

불기 25　년　월　일　불자　　　사경

신묘장구대다라니

나모 라다나 다라야야 나막알약 바로기제 새
바라야 모지사다바야 마하사다바야 마하가
로 니가야 옴 살바 바예수 다라나 가라야 다
사명 나막 까리다바 이맘알야 바로기제 새바
라 다바 니라간타 나막하리나야 마발다 이사
미 살발타 사다남 수반아예염 살바보다남 바
바마라 미수다감 다냐타 옴 아로계 아로가
마지로가 지가란제 혜혜하례 마하모지 사다
바 사마라 사마라 하리나야 구로구로 갈마
사다야 사다야 도로도로 미연제 마하미연제
다라다라 다린 나례 새바라 자라자라 마라미

마라 아마라 몰제예혜혜 로계새바라 라아 미
사미 나사야 나베사미사미 나사야 모하자라
미사미 나사야 호로호로 마라호로 하례 바나
마나바 사라사라 시리시리 소로소로 못쟈못
쟈 모다야 모다야 매다리야 니라간타 가마사
날사남 바라하라나야 마낙 사바하 싯다야 사
바하 마하싯다야 사바하 싯다유예 새바라야
사바하 니라간타야 사바하 바라하 목카싱하
목카야 사바하 바나마 하따야 사바하 자가라
욕다야 사바하 상카섭나네 모다나야 사바하
마하라 구타다라야 사바하 바마사간타 이사
시체다 가릿나 이나야 사바하 먀가라 잘마니
바 사나야 사바하
『나모라 다나다라 야야 나막알야 바로기제
새바라야 사바하』

불기 25 년 월 일 불자 사경

신묘장구대다라니

나모 라다나 다라야야 나막알약 바로기제 새

바라야 모지사다바야 마하사다바야 마하가

로 니가야 옴 살바 바예수 다라나 가라야 다

사명 나막 까리다바 이맘알야 바로기제 새바

라 다바 니라간타 나막하리나야 마발다 이사

미 살발타 사다남 수반아예염 살바보다남 바

바마라 미수다감 다냐타 옴 아로계 아로가

마지로가 지가란제 혜혜하례 마하모지 사다

바 사마라 사마라 하리나야 구로구로 갈마

사다야 사다야 도로도로 미연제 마하미연제

다라다라 다린 나례 새바라 자라자라 마라미

마라 아마라 몰제예혜혜 로계새바라 라아 미
사미 나사야 나베사미사미 나사야 모하자라
미사미 나사야 호로호로 마라호로 하례 바나
마나바 사라사라 시리시리 소로소로 못쟈못
쟈 모다야 모다야 매다리야 니라간타 가마사
날사남 바라하라나야 마낙 사바하 싯다야 사
바하 마하싯다야 사바하 싯다유예 새바라야
사바하 니라간타야 사바하 바라하 목카싱하
목카야 사바하 바나마 하따야 사바하 자가라
욕다야 사바하 상카섭나네 모다나야 사바하
마하라 구타다라야 사바하 바마사간타 이사
시체다 가릿나 이나야 사바하 먀가라 잘마니
바 사나야 사바하
『나모라 다나다라 야야 나막알야 바로기제
새바라야 사바하』

불기 25 년 월 일 불자 사경

신묘장구대다라니

나모 라다나 다라야야 나막알약 바로기제 새
바라야 모지사다바야 마하사다바야 마하가
로 니가야 옴 살바 바예수 다라나 가라야 다
사명 나막 까리다바 이맘알야 바로기제 새바
라 다바 니라간타 나막하리나야 마발다 이사
미 살발타 사다남 수반아예염 살바보다남 바
바마라 미수다감 다냐타 옴 아로계 아로가
마지로가 지가란제 혜혜하례 마하모지 사다
바 사마라 사마라 하리나야 구로구로 갈마
사다야 사다야 도로도로 미연제 마하미연제
다라다라 다린 나례 새바라 자라자라 마라미

마라 아마라 몰제예혜혜 로계새바라 라아 미

사미 나사야 나베사미사미 나사야 모하자라

미사미 나사야 호로호로 마라호로 하례 바나

마나바 사라사라 시리시리 소로소로 못쟈못

쟈 모다야 모다야 매다리야 니라간타 가마사

날사남 바라하라나야 마낙 사바하 싯다야 사

바하 마하싯다야 사바하 싯다유예 새바라야

사바하 니라간타야 사바하 바라하 목카싱하

목카야 사바하 바나마 하따야 사바하 자가라

욕다야 사바하 상카섭나네 모다나야 사바하

마하라 구타다라야 사바하 바마사간타 이사

시체다 가릿나 이나야 사바하 먀가라 잘마니

바 사나야 사바하

『나모라 다나다라 야야 나막알야 바로기제

새바라야 사바하』

불기 25 년 월 일 불자 사경

사 경 본

신묘장구대다라니

2014(불기 2558)년 3월 20일 초판 1쇄 인쇄
2023(불기 2567)년 8월 17일 초판 8쇄 발행

편 집 · 편 집 실
발행인 · 김 동 금
만든곳 · 우리출판사

서울특별시 서대문구 경기대로9길 62
☎ (02)313-5047, 313-5056
Fax. (02)393-9696
wooribooks@hanmail.net
www.wooribooks.com

등록 : 제9-139호

ISBN 978-89-7561-321-0 13220

정가 6,000원